Danites Group Bible Study Series &
Otakada.Org Publishing

Helden des Glaubens

Überarbeitete Ausgabe 2019

Raphael Awoseyin

Einführung

Überall auf der Welt treffen sich christliche Gruppen regelmäßig zum Bibelstudium, oft innerhalb enger zeitlicher Grenzen. Zu solchen Treffen gehört das, was wir Sonntagsschule nennen - normalerweise vor einem Gottesdienst in der Kirche. Eine große Herausforderung dieser Stipendien ist die Notwendigkeit, ein Studium zu haben, das innerhalb des engen Zeitplans abgeschlossen werden kann und den Teilnehmern dennoch die Möglichkeit gibt, zu lernen, wie sie sich auf ihr tägliches Leben anwenden können. Die Danite Group Bible Study (DGBS) -Reihe ist eine Antwort auf diese Herausforderung.

Die Reihe verfolgt zwei Ziele: Erstens müssen sie zu einer praktischen Anwendung der Grundsätze der Bibel auf das Leben der Teilnehmer und auf ihre Umgebung führen. Zweitens muss jedes Lernmaterial die richtige Länge für ein aussagekräftiges einstündiges Gruppenstudium haben.

Jede Ausgabe von DBGS basiert auf einem Thema, das für ein Vierteljahr (3 Monate) bestimmt ist, und umfasst zwölf Studien. Die Absicht ist, dass die Gruppe jede Woche eine einstündige Studie zum vierteljährlichen Thema durchführt.

Um das Beste aus jeder Studie herauszuholen, ist es wichtig, dass die Studie partizipativ ist. Das Lesen der Haupttexte sollte unter den Teilnehmern geteilt werden, wonach alle gemeinsam den Schlüsselvers lesen sollten. Die im Lehrstil verfassten Abschnitte der Studie werden von Personen gelesen, die vom Leiter nominiert wurden, während die folgenden Fragen die Diskussion anregen. Am Ende jeder Studie werden einige Einzelstunden vorgeschlagen. Die Studienleiter sollten diese Punkte sowie zusätzliche Erkenntnisse hervorheben, die sich aus den Diskussionen ergeben können.

Während die Materialien auf Gruppenbibelstudien abzielen, sollten Einzelpersonen sie auch beim persönlichen Lernen hilfreich finden. Wie auch immer Sie sie einsetzen, ich bete, dass der Heilige Geist Ihr Leben durch sie bereichert.
**
Raphael Sunday Awoseyin
Gründer und Autor
Lagos, Nigeria

Über t Autor er

Raphael Sunday Awoseyin ist ein in Nigeria geborener professioneller Ingenieur, der sowohl in Nigeria als auch im Vereinigten Königreich gechartert ist. Als Junge war er ein gläubiger Katholik und diente in der katholischen Kirche in seiner Heimatstadt der Messe. Kurz vor seinem 15. Geburtstag im Jahr 1968 lernte er Jesus Christus auf der High School persönlich kennen . Er verfügt über mehr als 40 Jahre Erfahrung in der Öl- und Gasindustrie und ist außerdem ein begeisterter Softwareentwickler. Er ist ein begabter Bibellehrer, der die praktische Anwendung der Bibel im täglichen Leben des Christen betont. Er ist Gründer der Danite- Unternehmen Danite LLC und Danite Limited - einer Technologieberatungsgruppe. Mit der Wahl der Marke „ Danite " für seine christlichen Schriften möchte er betonen, dass der Glaube an Jesus Christus für einen Christen das Berufsleben durchdringen muss. Er ist mit Sarah verheiratet und sie haben drei Kinder - Yekemi , Adenike und Raphael (Jr.), die jetzt alle Erwachsene sind. Sie können ihm eine persönliche E - Mail an senden _rsawoseyin @ gmail .com_ .

Über den Herausgeber - Otakada.org

Über Otakada.org - Wir bieten Ihnen über 2.000.000 auf Glauben basierende und von Glauben inspirierte Produkte und Dienstleistungen für die Glaubensgemeinschaft und Online-Suchende an einem Ort!

Unsere Leidenschaft auf otakada.org ist es, Glaubensgemeinschaften auszurüsten und Online-Suchende durch gesunde Inhalte, Produkte und Dienstleistungen zu erreichen, die ganzheitlich den Geist, die Seele und den Körper des Einzelnen an einem Ort stärken!

Wer wir bei Otakada.org sind, ist an unsere Werte, Vision und Mission gebunden, wie im Folgenden hervorgehoben:

Otakada-Werte: Integrität, Exzellenz, Geschwindigkeit und Rentabilität.

Otakada Vision: Wir stellen uns eine diszipliniere Welt vor.

Otakada-Mission: Unsere Ressourcen werden darauf ausgerichtet sein, auf Glauben basierende gesunde Produkte und Dienstleistungen für den weltweiten Vertrieb und die weltweite Anwendung zu entdecken, zu nutzen und freizusetzen.

Unser Ziel bei otakada.org ist es, bis 2040 100 Millionen Online-Communitys zu erreichen ... und bei uns zu bleiben.

Unter https://shop.otakada.org können Sie auch nach Waren und Dienstleistungen, Geschenken und vielem mehr suchen

Diese Ausgabe

Im Laufe der Jahrhunderte hat sich die Welt zunehmend von einer Denkweise, die überlieferte Grundsätze und Werte ohne Zweifel akzeptiert, zu einer „Show me" -Kultur entwickelt. Es ist die Denkweise, die besagt, dass man keine Grundlage hat, um daran zu glauben, wenn man es nicht sehen kann. Zu versichern, was Sie nicht sehen können, wird als abergläubisch angesehen, während es als unrealistisch und skurril empfunden wird, zuversichtlich darüber zu sein, was Sie sich nur erhoffen. Wenn wir Dinge beobachten, die wir nicht erklären können, oder es scheint, dass unsere logische Erklärung für das Übernatürliche eine Lücke enthält, werden wir ermutigt, eine plausible Theorie zu entwickeln, um die Lücke zu füllen. Wir bekommen sogar Auszeichnungen und Referenzen für solche Theorien!

Viel Spaß !

** *

Raphael Awoseyin
Lagos, Nigeria

Table of Contents

Helden des Glaubens 1
   Überarbeitete Ausgabe 2019 1

Einführung 3

Über t Autor er 5

Über den Herausgeber - Otakada.org 6

Diese Ausgabe 8

Studie 1 - Glaube an die Probe 11
   Hauptlernpunkt s : 13
     Gebet: 13

Studie 2 - Das annehmbare Angebot 15
   Haupttexte 15
   Schlüsselvers 15
     Gebet 18

Studie 3 Noah - Der einsame Gerechte 19
   Haupttexte 19
   Schlüsselvers 19
   Hauptlernpunkt s : 21
     Gebet: 22

Studie 4 : Abraham - Vater des Glaubens - Teil 1 23
   Haupttexte 23
   Schlüsselvers 23
     Gebet : 26

Studie 5 - Sarah 27
   Haupttext 27
   Schlüsselvers 27
     Hauptlernpunkt s : 29
     Gebet : 30

Studie 6 - Abraham - Vater des Glaubens - Teil 2 31
   Haupttext 31

Schlüsselvers 31
    Hauptlernpunkt s : 33
    Gebet : 34

Studie 7 : Isaak und Jakob - Segen durch Glauben 35
  Haupttext 35
  Schlüsselvers 35
    Gebet : 38

Studie 8 - Der vom Geist inspirierte Segen 39
  Haupttext 39
  Schlüsselvers 39
    Gebet : 41

Studie 9 : Joseph - Prophezeiung durch Glauben 42
  Haupttext 42
  Schlüsselvers 42
    Gebet 45

Studie 10 - Jephthah - Ein Gangster mit diszipliniertem Glauben 46
  Haupttext 46
  Schlüsselvers 46
    Gebet : 49

Studie 11 - Amram und Jochebed 50
  Haupttext 50
  Schlüsselvers 50
    Gebet 53

Studie 12 - Moses - Ein militanter Nationalist 54
  Haupttexte 54
  Schlüsselvers 54
    Gebet 57

Studie 1 - **Glaube an die Probe**

Haupttext : Hebräer 11: 1-40

Schlüsselvers : Hebräer 11: 1-2 - *Jetzt ist Glaube Vertrauen in das, was wir hoffen, und Gewissheit darüber, was wir nicht sehen. Dafür wurden die Alten gelobt. "* (NIV)

***

Zusammenfassend heißt es in 1. Mose 1, Vers 3 unseres Haupttextes: *„Unter Glauben verstehen wir, dass das Universum auf Gottes Befehl hin geformt wurde, sodass das Gesehene nicht aus dem Sichtbaren gemacht wurde."*

    a) **Vor welchen Herausforderungen stand diese Aussage in letzter Zeit und welche Theorien haben die Herausforderer aufgestellt?**

Gott schuf den Menschen, neugierig zu sein und ständig zu versuchen, Wissenslücken zu schließen. Erinnern Sie sich daran, dass eine der Attraktionen der verbotenen Frucht im Garten Eden darin bestand, dass sie den Wissenshorizont des Menschen erheblich erweitern und er „wie Gott" sein würde. Die Suche nach Wissen treibt die wissenschaftliche Erforschung verwandter Themen voran, die oft mit der Begründung einiger Hypothesen beginnen. Manchmal ist die Hypothese richtig (wenn sie bewiesen werden kann und wiederholbar ist), und dann wird sie ein Gesetz. Wenn es nicht bewiesen werden kann, lassen wir es als "Theorie".

b) **Warum finden viele alternative Theorien zum biblischen Schöpfungsbericht ansprechend?**

c) **Wie beurteilen Sie persönlich die alternativen Theorien zum biblischen Schöpfungsbericht?**

So wie ein Motorkonstrukteur die Parameter festlegt, innerhalb derer der Motor arbeiten kann, und der Motor diese Parameter nicht überschreiten kann, hat Gott als Schöpfer auch dem menschlichen Verständnis Grenzen gesetzt.

d) **Lies Deuteronomium 29:29 und Prediger 3:11. Was sagen uns diese Verse über Gottes Ausübung seines Vorrechts in der Schöpfung?**

Die Bibel lässt uns keinen Zweifel daran, dass wir nicht alles wissen würden, was es gibt. Während Er den Menschen geschaffen hat, um neugierig zu sein und Wissen zu erlangen, bedeutet das Beharren darauf, jede Lücke in unserem Wissen über die Schöpfung erklären zu können, ohne Glauben leben zu wollen. In Vers 6 unseres Haupttextes lesen wir jedoch, dass es *„ohne Glauben unmöglich ist, Gott zu gefallen"*. Dieser Glaube beginnt damit, dass wir die biblische Darstellung seiner Schöpfung und seine Souveränität darüber akzeptieren, was er offenbaren oder zurückhalten möchte. In diesem Glauben zeigen wir ihm unsere Unterwerfung.

Hauptlernpunkt s :

- Der Glaube muss mit der Annahme des biblischen Schöpfungsberichts beginnen, der durch den Wunsch des Menschen, alles, was uns gesagt wird, zu rationalisieren, ernsthaft in Frage gestellt wurde
- So wie der Mensch Maschinen schafft, deren Fähigkeiten durch die Entscheidungen des Designers begrenzt sind, hat Gott den Menschen geschaffen, um ein begrenztes Verständnis für seine (Gottes) Werke zu haben
- Der Mensch kann und sollte nach Erkenntnis streben, aber akzeptieren, dass Gott nicht alles offenbart hat, was dem Menschen zur Verfügung steht, und der Versuch, Theorien vorzuschlagen, die Gottes Position in dieser Hinsicht in Frage stellen, läuft darauf hinaus, ohne Glauben zu leben.

Gebet:

Vater, errichte mein Herz im Glauben an dich, um das zu empfangen, was du von dir und deinen Werken preisgeben willst, und um deine Souveränität in Bezug auf die Dinge zu akzeptieren, die du nicht preisgeben willst. In Jesus Namen. Amen.

.

Studie 2 - Das annehmbare Angebot

Haupttexte : Genesis 4: 1-16; 3. Mose 2: 1-11

Schlüsselvers: Hebräer 11: 4 - *Durch Glauben brachte Abel Gott ein besseres Opfer als Kain. Durch den Glauben wurde er als gerecht gelobt, als Gott gut über seine Opfer sprach. Und im Glauben spricht Abel immer noch, obwohl er tot ist. "* (NIV)

***

Was ist in einem Angebot? In vielen Kulturen wird erwartet, dass Sie ein anständiges Geschenk mitnehmen, wenn Sie jemanden besuchen, dem Sie die Treue halten. Das machen wir auch für unsere Eltern, wenn wir sie besuchen. Solche Geschenke müssen nicht unbedingt den Bedürfnissen des Empfängers entsprechen. In der Tat hat der Empfänger oft schon etwas, wie wir es ihm geben, oder er hätte es sich leicht leisten können, wenn er es gebraucht hätte. Wir geben die Geschenke trotzdem, weil sie etwas symbolisieren , das weitaus wertvoller ist als die Geschenke selbst. Es ist dasselbe, wenn wir unser Opfer zu Gott bringen - wir geben Erklärungen ab.

a) **Welche Aussagen machen wir, wenn wir unsere Opfergaben zu Gott bringen?**

Die Bibel sagt uns, dass Gott mit Abels Opfer zufrieden war, aber nicht mit Kains. Der Grund für sein Missfallen an Kains Opfer ist nicht angegeben.

Einige haben vorgeschlagen, dass es war, weil Gott nur Tieropfer annahm. Dies ist jedoch nicht biblisch, da Gott später anordnete, dass die ersten Früchte der landwirtschaftlichen Erzeugnisse der Israeliten zu ihm gebracht werden sollen - siehe Numeri 18:12. Das Problem scheint zu sein, dass das, was Kain als sein Opfer brachte, nicht das Beste war. Uns wird gesagt: "Kain brachte dem HERRN einige Früchte des Bodens als Opfer", und dieser "Abel brachte auch ein Opfer - fette Portionen von einigen der Erstgeborenen seiner Herde".

Wir wissen vielleicht nicht, warum Gott so viel Wert auf erste Früchte legt, aber es ist fair zu sagen, dass jeder Mensch etwas Besonderes empfindet, wenn er die ersten Früchte seiner Arbeit erhält - das erste Gehalt aus einer neuen Beschäftigung, die erste Ernte aus Die Farm, der erste Verkauf von Handelswaren usw. Wer Gott das, worauf er so sehr gewartet hat, verrät, ist mit Sicherheit ein Ausdruck des Glaubens und der Unterwerfung unter Ihn.

> b) **Warum ist jedes der folgenden Dinge, die wir Gott anbieten, für Ihn inakzeptabel?**
>
>   1. **Geld (Siehe Matthäus 23:23)**
>
>   2. **Materialien**
>
>   3. **Zeit**
>
>   4. **Lobpreis / Anbetung (siehe Markus 7: 7, Lukas 6:46)**

Lesen Sie die Geschichte der armen Witwe in Markus 12: 41-44. Ein christlicher Mann, dessen Frau ins Krankenhaus eingeliefert wurde und auf einen teuren chirurgischen Eingriff wartete, versuchte, 100.000 nigerianische Naira für den Eingriff zu gewinnen. Er hatte nur 10.000 Naira und damit einen weiten Weg vor sich. Neben dem Bett seiner Frau im Krankenhaus lag eine andere Frau, deren Zustand nicht so ernst war wie der seiner Frau und die nur 10.000 Naira benötigte. Der christliche Mann, bewegt vom Heiligen Geist, gab dieser anderen Frau die 10.000 Naira, die er hatte.

c) **Was sind die Schlüsselelemente eines Angebots, das Gott annehmen und empfehlen würde?**

Hauptlernpunkt s :

- Ein Opfer für Gott sollte Ausdruck unseres impliziten Glaubens an Ihn als Quelle von allem, was wir haben und sind, und ein Symbol für unsere vollständige Unterwerfung unter Ihn sein
- Wir bieten Gott verschiedene Opfergaben an - Geld, Materialien, Zeit, Lobpreis und Anbetung und uns selbst. Es ist möglich, Ihm irgendetwas davon inakzeptabel anzubieten.
- Das Anbieten unserer ersten Früchte an Gott hat einen besonderen Platz in Seinem Herzen und bringt Seinen besonderen Segen

Das positive Reagieren auf Gottes Wort könnte uns unseren Ruf, unser Vermögen und sogar unser Leben kosten, aber es ist immer das Richtige

Gebet :

Vater, ich möchte immer ein Angebot machen, das Sie annehmen und empfehlen. Zeigen Sie mir, welche Probleme Sie mit meinen Angeboten haben, und helfen Sie mir, auf eine Weise zu geben, die Sie begeistert. In Jesus Namen. Amen.

Studie 3 Noah - Der einsame Gerechte

Haupttexte : Genesis 6: 5-22; 7: 1-5

Schlüsselvers: Hebräer 11: 7 - *Im Glauben baute Noah, als er vor noch nicht gesehenen Dingen gewarnt wurde, in heiliger Angst eine Arche, um seine Familie zu retten. Durch seinen Glauben verurteilte er die Welt und wurde Erbe der Gerechtigkeit, die im Einklang mit dem Glauben steht. "* (NIV)

***

Noah lebte zu einer Zeit, als Bosheit die Norm war. Der Mensch dachte und tat ungestraft Böses. Uns wird gesagt, dass „der Herr es bedauert hat, dass er Menschen auf Erden gemacht hat und sein Herz zutiefst beunruhigt war" (Gen 6: 6, NIV). Manchmal neigt man dazu zu glauben, dass die Welt zu den Tagen Noahs zurückkehrt - mit all den Übeln um uns herum: Raubüberfällen, Morden, Homosexualität, Attentaten auf Charaktere usw. Tatsächlich war es in den Tagen Noahs noch schlimmer. Zumindest haben wir heute einige Gesetze, mit denen böse Täter bestraft werden können - und diese wirken abschreckend. Aber in den Tagen Noahs gab es keine derartigen Gesetze. Stellen Sie sich einen Mann in einer solchen Umgebung vor, der sich dafür entscheidet, nichts Böses zu tun. In Bezug auf ihn lesen wir: „Aber Noah fand Gnade in den Augen des HERRN... Noah war ein gerechter Mann, ohne Schuld unter den

Menschen seiner Zeit, und er wandelte treu mit Gott." (Gen 6: 8-9).

a) Was sind die wichtigsten Herausforderungen für ein anderes Leben als die Norm in unserer Umwelt?

b) Warum möchte man trotz der Herausforderungen ein ganz anderes Leben führen als seine Umgebung?

Es ist bemerkenswert, dass Noah, obwohl er ein ganz anderes Leben führte als seine Umgebung, „unter den Menschen seiner Zeit tadellos" war. Mit anderen Worten, selbst die bösen Menschen seiner Zeit, unter denen er lebte, fanden ihn schuldlos.

c) Was könnte in den Gedanken eines bösen Menschen vor sich gehen, das ihn bezeugen lässt, dass ein Gerechter in der Tat gerecht ist, und worüber sagt uns dies, wenn wir bei unserem Streben nach Gerechtigkeit allein zu sein scheinen? (Beachten Sie die Worte "Durch seinen Glauben hat er die Welt verurteilt ..." in unserem Schlüsselvers.)

Vergleichen Sie die Verbreitung des Bösen in der heutigen Welt mit der Situation in der Zeit Noahs vor der Flut. Henry Thoreau hat einmal gesagt: „Wenn ein Mann nicht mit seinen Begleitern Schritt hält, kann dies daran liegen, dass er den Schlag eines fernen Schlagzeugers hört." Es erfordert in der Tat ein beständiges Vertrauen in das Ungesehene, um hartnäckig anders zu bleiben als die Menschen um uns herum. Noah "lächerlich" hielt Schritt mit diesem "entfernten Schlagzeuger", als er begann, die Arche gemäß den Anweisungen des "entfernten Schlagzeugers" zu bauen. Er ertrug Spott durch die um ihn herum.

    d) Welche Ähnlichkeiten und Unterschiede sehen Sie zwischen der Durchdringung des Bösen in Noahs Tagen (vor der Flut) und der Gegenwart?

    e) Noah antwortete „in heiliger Angst" und baute eine Arche, als er „vor Dingen gewarnt wurde, die noch nicht gesehen wurden". Welche Warnungen haben wir heute vor Dingen, die „noch nicht gesehen" wurden?

Hauptlernpunkt s :

- Es braucht ein Ohr, das auf das Ungesehene hört, und einen beständigen Glauben an Ihn, um in Gerechtigkeit zu leben, wo Ungerechtigkeit die Norm um uns herum ist.
- Wenn wir uns dafür entscheiden, unter den Ungerechten in Gerechtigkeit zu leben, macht unser rechtschaffenes Leben die Ungerechten immer wieder krank, auch wenn sie es nicht offen anerkennen. Die Menschen zu Noahs Zeiten fühlten sich von seiner Gerechtigkeit verdammt.
- Die Welt, in der wir leben, ist der von Noah sehr ähnlich, die Warnung vor dem, was kommen wird, ist ebenso gegenwärtig, und

unsere Berufung unterscheidet sich nicht von der von Noah.

Gebet:

Vater, ich möchte dafür bekannt sein, dass ich beständig im Glauben wandle. Gib mir den Mut und den Glauben mit Ihnen selbst zu gehen , wenn ich der einzige so ein tun bin Männer .

Studie 4 : Abraham - Vater des Glaubens - Teil 1

Haupttexte: Genesis 11:31 - 12: 8

Schlüsselvers: Hebrews 11: 8 - " *Durch Glauben gehorchte Abraham, als er gerufen wurde, an einen Ort zu gehen, den er später als sein Erbe erhalten würde, und ging, obwohl er nicht wusste, wohin er ging."* (NIV)
***

Wenn wir die biblische Definition des Glaubens erhalten würden, ohne zu sagen, dass es sich um „Glauben" handelt, den wir definieren, würde dies heißen: „… Vertrauen in das, was wir hoffen, und Gewissheit darüber, was wir nicht sehen." Wenn Sie diese Definition einem Durchschnitt geben würden Als Psychologe und bat ihn, ein Wort für einen solchen Zustand anzugeben, würde er wahrscheinlich Begriffe wie „Wahn", „Tagträumen", „Unrealismus" usw. verwenden. Stellen Sie sich auch vor, Ihr Sohn, der mit seiner Frau bei Ihnen lebt, wacht auf Eines Morgens und sagt dir, dass Gott ihm gesagt hat, er solle seine Frau und deinen Enkel (der nicht einmal sein eigener Sohn ist) aus deinem Haus an einen Ort bringen, den er noch nicht einmal gekannt hat.

    a) Vor welchen Herausforderungen hätte Abram gestanden, als er seinem Vater sagte, dass Gott ihm (Abram) und seine Frau und sein Neffe Harran verlassen

und an einen unbekannten Ort gehen müssen?

Wir können vielleicht begründen, dass es nichts Ungewöhnliches gab, wenn ein Mann mit seiner Frau das Haus seines Vaters verließ, um anderswo zu leben. In der Tat ist dies das Richtige, wenn ein Mann heiratet. Es ist jedoch unwahrscheinlich, dass ein Mann einen solchen Schritt unternimmt, ohne zumindest seinen Eltern seine Weiterleitungsadresse mitzuteilen. Aber wenn er sagt, dass er seine Weiterleitungsadresse nicht kennt, aber dennoch darauf besteht, zu gehen, gibt es sicherlich Bedenken.

b) Als Abram mit seiner Frau und seinem Neffen aus dem Haus seines Vaters trat, woher wusste er, in welche Richtung er gehen sollte, da Gott ihm sein Ziel nicht genannt hatte und was uns dies über die Natur der Führung Gottes sagt?

Eine der Herausforderungen beim Gehen im Glauben ist, dass unser natürlicher Verstand die vollständige Roadmap sehen möchte, bevor er sich auf den Weg macht. Zum Beispiel sagt Jesus Christus, dass vom Bau eines Turms erwartet wird, dass der Entwickler eine Bestandsaufnahme seiner Ressourcen vornimmt, bevor er mit dem Projekt beginnt - siehe Lukas 14:28. Oder dass ein König, der plant, in den Krieg zu ziehen, die Stärke und Fähigkeit seiner eigenen Truppen einschätzen würde, bevor er aufbricht - Lukas 14:31.

c) Wie ist die Natur des Glaubens, wenn Sie versuchen, Abrams Bewegung mit den Analogien des Herrn über den Bau eines

Turms oder den Kriegsbeginn in Einklang zu bringen - oder sogar mit dem grundlegenden rettenden Glauben an Lukas 14:26?

Abram und seine Familie kamen an und ließen sich im Land Kanaan nieder. Dies war kein jungfräuliches Land, da die Kanaaniter bereits dort waren - Gen.12: 6. Aber Gott sagte zu ihm (Vers 7): „Ich werde deinem Nachwuchs dieses Land geben." Abram ging trotzdem voran und demonstrierte seinen Glauben an Gottes Wort, indem er dem Herrn genau dort einen Altar baute. Dann ging er nach Osten nach Bethel und baute einen weiteren Altar zum Herrn und betete dort an, dann ging er zum Negev und ließ sich dort nieder, wobei er im Wesentlichen einen dreieckigen Bereich seines Besitzes definierte.

d) **Abram machte einige wirklich kühne Schritte, nur weil Gott zu ihm sprach. Wie gehen wir mit den Herausforderungen um, denen wir uns stellen müssen, wenn wir versuchen, wie Abram zu sein?**

***

Wichtige Lernpunkte :

- Gottes Anweisung an uns wird für die Menschen um uns herum nicht immer einen Sinn ergeben. In der Tat kann es manchmal geradezu verrückt erscheinen. Trotzdem beweisen wir durch unseren Gehorsam den Glauben an Ihn.

- Wenn Gott uns sagt, dass wir im Glauben aussteigen sollen, sagt er uns oft nicht, wie sich die Geschichte abspielen wird. Unser Glaube ist es, den Schritt zu tun, den er uns jetzt sagt, auch wenn wir nicht wissen, wie er führen wird.
- Das Land Kanaan, in dem sich Abram niederlassen sollte und das er Abram zu geben versprach, hatte bereits Einwohner. Gott wird uns manchmal in Richtungen führen, die mit ernsthaften Herausforderungen behaftet sind. Trotzdem erwartet er von uns, dass wir mutige Schritte unternehmen, um Ihm zu gehorchen

Gebet :

Vater, du lehrst mich so viel über den Glauben, durch das Leben von Abram. Hilf mir, deine Wege zu lernen, wie es Abram getan hat, und gehorche dir in vollem Vertrauen, dass du zu deinem Wort stehst. In Jesus Namen. Amen

Studie 5 - Sarah

Haupttext : Genesis 16: 1-6; 17: 1-27

Schlüsselvers: Hebrews 11:11 - "*Und durch den Glauben wurde sogar Sarah, die nicht mehr im gebärfähigen Alter war, befähigt, Kinder zu gebären, weil sie ihn für treu hielt, der das Versprechen gegeben hatte.*" (NIV)
***

Da Sarai unfruchtbar war (Genesis 11:30) und die Wichtigkeit von Kindern in einer Familie kannte, nutzte sie den Brauch, dass eine Sklavin Kinder durch den Ehemann ihrer Geliebten für ihre Geliebte bekommen durfte. Sarai gab Abram Hagar als seine Frau, damit Kinder in der Familie wären! Hagar hatte tatsächlich einen Sohn - Ishmael - von Abram, als Abram bereits 86 Jahre alt war. Es war ein langes Warten! Es war jedoch keine perfekte Lösung. Tatsächlich verursachte es Probleme für Sarai, als die ehemalige Sklavin ihr gegenüber respektlos wurde. Schließlich brachte sie Abram dazu, Hagar mit Baby Ishmael wegzuschicken. Die Nachkommen Ismaels sind die Araber von heute.

a) Auf welche Zwischenlösungen greifen unfruchtbare Frauen, die ein Kind suchen, heute zurück, und wie denken wir, dass Gott diese Zwischenlösungen betrachtet?

Dreizehn Jahre später - als Abram 99 Jahre alt war, sprach Gott zu ihm und sagte ihm, dass er einen Sohn von Sarai haben würde. Gott markierte dieses

Versprechen, indem er ihren Namen änderte - Abram wurde Abraham („Vater vieler Nationen") und Sarai wurde Sarah („Mutter aller Nationen"). Zu diesem Zeitpunkt führte Gott auch eine männliche Beschneidung für Abraham, seine Nachkommen und Ausländer ein, die in ihrem Haus geboren wurden - Gen 17: 10-13. Abraham bezweifelte, dass Sarah in so hohem Alter einen Sohn hat, und sagte zu Gott, dass es in Ordnung wäre, wenn Er (Gott) sein Versprechen durch Ismael einhalten würde. Gott bekräftigte sein Versprechen und gab sogar den Namen des Sohnes an, der von Sarah - Isaak geboren werden soll. Durch Isaak, sagte Gott, würde seine Verheißung erfüllt werden. Obwohl Abraham Zweifel daran hatte, dass Sarah ein Kind hat, befolgte er die Anweisung zur Beschneidung sofort.

    b) **Was sind mögliche negative Auswirkungen von Selbsthilfe-Zwischenlösungen - die Gott möglicherweise zulässt - auf unseren Glauben und unser christliches Leben?**

In unserem Schlüsselvers lobt die Bibel Sarahs Glauben - nicht Abrahams - für die spätere Geburt Isaaks. Es scheint, dass Abraham das, was Gott ihm sagte, mit Sarah geteilt hatte, und während Abraham dem Versprechen Isaaks skeptisch gegenüberstand, blieb Sarah hoffnungsvoll. Kurz nachdem Abraham das Versprechen erhalten hatte, nahmen er und Sarah drei Männer für eine kurze Mahlzeit auf - Gen 18. Während sie aßen, prophezeite einer der Männer, dass Sarah innerhalb eines Jahres einen Sohn haben würde. Sarah lachte es aus, wenn man ihr Alter und das

Abrahams bedenkt. Die Skepsis ist verständlich, wenn man bedenkt, dass sie tatsächlich das gebärfähige Alter überschritten hat. Das letzte Wort, das der Prophet in dieser Angelegenheit sprach, war jedoch eine rhetorische Frage und eine Bestätigung: *„Ist dem HERRN etwas zu schwer? Ich werde nächstes Jahr zur verabredeten Zeit zu Ihnen zurückkehren, und Sarah wird einen Sohn haben. "* - Gen 18:14. Diese Aussage scheint der Wendepunkt in Sarahs Glauben zu sein. Sie erlaubte Gottes Wort, ihre Meinung zu ändern und sie wiederzubeleben Hoffnung.

    c) **Geben Sie andere Beispiele in den heiligen Schriften von Menschen, die ihre Position zu einem Thema geändert haben, weil sie Gottes Wort gehört haben.**

    d) **Wie kann unser Glaube gestärkt werden, wenn wir lange auf Gott gewartet haben und die Zeit nicht auf unserer Seite zu sein scheint?**

    e) **Was erwartet Gott von uns, während er darauf wartet, dass er unsere Situation anspricht?**

***

    Hauptlernpunkt s :

    1.   Während wir auf die perfekte Antwort Gottes auf unsere Bitte warten,

könnten wir unter Druck geraten und manchmal "Selbsthilfe" -Lösungen anbieten. Gott runzelt bei solchen Zwischenlösungen nicht unbedingt die Stirn.

2. Eine echte Gefahr ist die Tendenz, den Glauben an Gott aufzugeben, wenn wir in unserer Selbsthilfelösung einen gewissen Trost gefunden haben, wodurch unsere Selbsthilfelösung zur Lösung wird. Es könnte unseren Glauben für zukünftige Situationen schwächen.

3. Während wir auf Gott warten, um Antworten auf unsere brennenden Fragen zu erhalten, ist es wichtig, dass wir unseren Glauben mit den richtigen Gedanken, Worten und Taten füttern, um unser anhaltendes Vertrauen in Ihn zu beweisen.

Gebet:

Vater, hilf meinem Glauben, wenn ich in einer Angelegenheit auf dich warte und deine Hilfe nicht kommt. Halte mich gehorsam und vertrauend, Herr. In Jesus Namen. Amen.

Studie 6 - Abraham - Vater des Glaubens - Teil 2

Haupttext : Genesis 22: 1-18

Schlüsselvers : Hebräer 11:17 - *„ Im Glauben opferte Abraham Isaak, als Gott ihn prüfte. Wer die Verheißungen angenommen hatte, wollte seinen einzigen Sohn opfern. "* (NIV) ***

Nachdem ich hundert Jahre gewartet hatte, um den Sohn seiner Verheißung zu haben, musste es für Abraham eine ziemliche Prüfung gewesen sein, diesen Sohn zu opfern. Für einen vernünftigen Verstand ist das sicherlich nicht sinnvoll. Wir können also verstehen, warum Abraham die Vision nicht einmal mit Sarah, seiner Frau, besprochen hat. Unnötig zu erwähnen, dass der betreffende Sohn, dessen Leben auf dem Spiel stand, nichts davon wusste! Wir möchten daran erinnern, dass Paulus auch eine Offenbarung von Gott hatte, von der er sagte, er habe sie mit niemandem besprochen, bevor er gehorcht hatte - siehe Galater 1: 15-16.

   a) Welche Arten von Weisungen oder Offenbarungen von Gott dürfen wir mit niemandem besprechen - auch nicht mit unserem Ehepartner - und warum?

   b) Welche persönlichen Vorbereitungen würden wir treffen, um den möglichen negativen Folgen entgegenzuwirken, wenn wir solche Enthüllungen für uns behalten

und ohne vorherige Erörterung mit unserem Ehepartner oder den uns nahestehenden Personen, die möglicherweise sogar von unserem Gehorsam betroffen sind, darauf reagieren?

Abraham nahm zwei seiner Diener mit Isaak, um zu Moriah zu gehen und das Opfer zu bringen. Als er nach drei Tagen dort ankam, sagte er zu den Bediensteten: „Bleib hier mit dem Esel, während ich und der Junge dorthin gehen. Wir werden anbeten und dann zu dir zurückkehren. "(Vers 5) Abraham schien zuversichtlich, dass er mit Isaak lebend zurückkehren würde. Hebräer 11,19 bestätigten, dass dies tatsächlich Abrahams Vertrauen war: dass er „... begründete, dass Gott sogar die Toten auferwecken könnte". Für Abraham war die einzige Möglichkeit, wie Gott sein Versprechen von Genesis 17:19 erfüllen konnte, dass er (Gott) Isaak nach dem Opfer wieder zum Leben erweckte. Aber wie wir später sahen, hatte Gott eine andere Idee - Er stellte einen Widder für das Opfer anstelle von Isaak zur Verfügung.

c) Nennen Sie persönliche Beispiele dafür, wie Gott in eine Situation eingegriffen hat, die sich völlig von dem unterschied, was wir erwartet hatten.

Es ist in der Tat bezeichnend, dass Gott eine andere Vorstellung davon hatte, wie Er die Erfüllung Seines Versprechens in Bezug auf Isaak und Sein Gebot, dass der Junge geopfert werden soll, mit Abraham in Einklang bringen würde. Es gibt etwas im Mann - sogar Männer und Frauen des Glaubens -, das versucht, die Art und Weise des Eingreifens Gottes in einer schrecklichen Situation herauszufinden. Wenn wir nicht herausfinden können, wie Gott es tun könnte, neigen wir dazu, die rationalsten Wege zu gehen.

　d) **Was tun wir normalerweise, wenn wir nicht in der Lage sind, herauszufinden, wie Gott eine schlimme Situation lösen könnte, die unseren „blinden" Gehorsam erfordert?**

Persönliche Reflexion : Schreiben Sie die Dinge auf, die Sie in Ihrem Leben am meisten schätzen - Menschen, Besitztümer, Positionen usw. Wir neigen zu Recht dazu, für den Schutz all dieser Vermögenswerte zu beten . Aber wie würdest du reagieren, wenn Gott verlangt, dass du sie aufgibst - oder er nimmt sie dir weg?

***

Hauptlernpunkt s :

- Es gibt Anweisungen oder Offenbarungen, die Gott uns gibt, von denen Er nicht erwartet, dass wir sie mit jemandem besprechen oder besprechen, sondern einfach nur gehorchen. Wir haben das so gesehen, wie Abraham Gott gehorchte, auch ohne mit seiner Frau darüber zu sprechen! Das Prinzip ist, dass wir gehorchen, wenn Gott gesprochen hat, aber andere konsultieren können, wenn er nicht direkt zu uns gesprochen hat.

- Wenn wir uns im Gehorsam gegenüber Gott verhalten, sollten wir auf vorübergehende negative Folgen vorbereitet sein, wie zum Beispiel bedrückende Kritik bei scheinbar unangenehmen vorübergehenden Folgen. Die stärkste Kritik kann von denen ausgehen, die uns am nächsten stehen oder die wir am meisten respektieren.

- Eines der Hindernisse für unseren Gehorsam gegenüber strengen Anweisungen von Gott ist, dass wir in der Lage sein wollen, herauszufinden, wie Gott unser Wunder bewirken kann. Oft überrascht er: Abraham hatte den Glauben, dass Gott Isaak von den Toten auferwecken könnte, nachdem er geopfert worden war, aber Gott brachte eine Überraschung mit einem Widder hervor! Versuche nicht herauszufinden, wie Gott sein Werk tun würde!

Gebet :

Vater, ich möchte dir in jeder Situation vertrauen, auch wenn mein begrenzter Verstand nicht herausfinden kann, wie du eingreifen würdest. Hilf mir das zu tun, Herr. In Jesus Namen. Amen

Studie 7 : Isaak und Jakob - Segen durch Glauben

Haupttext : Genesis 27: 27-40; 48: 8-22

Schlüsselvers : **Hebräer 11: 20-21** - *„ Durch Glauben segnete Isaak Jakob und Esau hinsichtlich ihrer Zukunft. Im Glauben segnete Jakob, als er starb, jeden von Josephs Söhnen und betete an, während er sich auf seinen Stab stützte. "* (NIV)

***

„Gott segne dich!" Wir sprechen diese Worte immer wieder, wenn jemand etwas tut oder sagt, das uns erfreut. Wir sagen die Worte als Ausdruck des guten Willens und erwarten nicht wirklich, dass sich das Schicksal des Empfängers plötzlich ändert oder dass tatsächlich etwas passiert. Obwohl wir dem Empfänger in der Tat alles Gute wünschen, liegt es in der alleinigen Verantwortung Gottes - nicht unserer -, den Segen zu tun. Am Anfang wollte Gott jedoch, dass die von Seinen Dienern ausgesprochenen Segensworte Wirkung haben.

1) Was sind die Schlüsselelemente einer Segensbekundung und wie unterscheidet sich der Segen von (a) dem Beten für jemanden und (b) dem Wünschen von jemandem, der gesund ist?

Die Segensbekundung Isaaks an seine beiden Söhne Jakob und Esau schien eine so große Sache zu sein, dass Jakob und ihre Mutter sogar einen betrügerischen Plan ausarbeiteten, nach dem Jakob der Erste war, der den Segen erhielt. Sie waren zuversichtlich, dass alles, was Isaac über die Jungen aussprach, passieren und ihr Leben gestalten würde. Isaac selbst akzeptierte diese verehrte Position, die ihm von seiner Familie verliehen wurde, und machte seine Äußerungen wie ein Orakel. Auch Jakob segnete in seinen Zwielichtstagen Josephs Kinder.

    2) Wie ist die allgemeine Sichtweise in Ihrer Kultur und wie ist Ihre persönliche Sichtweise darüber, wer einen Segen über einen anderen ausdrücken und erwarten kann, dass der Segen eintrifft?

    3) Haben die heutigen Worte der Väter über ihre Kinder einen Einfluss auf die Zukunft der Kinder?

Das alte Volk erkannte die Macht des Segens und Fluchens: (a) Jakob bestand darauf, von dem Engel gesegnet zu werden, mit dem er gerungen hatte - 1. Mose 32:26. (b) Der Pharao bat Mose und Aaron, ihn zu segnen, bevor die Israeliten Ägypten verließen - 2. Mose 12, 32. (c) Balak, der König von Moab, bat den Propheten Bileam, ihm zu helfen, die Israeliten zu verfluchen - Numeri 22: 6.

    4) Worauf beruhte Jakobs Zuversicht, dass seine Worte über seine Söhne tatsächlich eintreten würden?

Jesus Christus sagte: „Segne diejenigen, die dich verfluchen" (Lukas 6:28). Paulus wiederholte die Aussage, als er sagte: „Segne diejenigen, die dich verfolgen" - Römer 12:14. Diese Gebote implizieren, dass Gott dem Menschen die Macht gegeben hat, ihn zu segnen. Leider trivialisieren wir diese Kraft, indem wir entweder den Segen nicht aussprechen oder indem wir Segen aussprechen, ohne einen Einfluss auf den Empfänger zu erwarten. Aus diesem Grund schreibt die Bibel Isaac Glauben zu, um seine Söhne zu segnen - es erfordert Glauben, um Ergebnisse von den Segnungen zu erwarten, die wir aussprechen. Eltern sollten ihren Kindern Segen aussprechen und positive Ergebnisse erwarten. Wir alle sollten das Gleiche für alle tun, die wir uns aufrichtig wünschen.

5) **Was sind die Voraussetzungen für die Wirksamkeit des Segens, den wir aussprechen?**

***

Hauptlernpunkt s :

- Einem Menschen einen Segen auszusprechen, ist eine Form der Prophezeiung. Es unterscheidet sich vom Beten für die Person darin, dass das Beten Gott auffordert, etwas zu tun, während der Segen eine direkte Ausübung der Autorität ist, die Gott dem Christen zum Segen verliehen hat.
- Einen Segen auszusprechen ist eine ernste Angelegenheit, die über das beiläufige "Gott

segne dich" hinausgeht. Weil Gott seine Kinder ermächtigt hat, Segen auszusprechen, sollten wir erwarten, dass unser Segen eine Wirkung hat.

- Die Worte des Segens, die ein gottesfürchtiger Elternteil seinem Kind ausspricht, sind kraftvoll, weil Gott diese Worte achtet. Wenn der Elternteil solche Segnungen ausspricht, spricht er wie ein Orakel.

Gebet :

Vater, du hast mir die Kraft zum Segen übertragen. Erwecke mich zu dieser Kraft und gib mir die Gnade, sie zu benutzen, wie du es befiehlst, um deine Ziele in meinem Leben und im Leben anderer zu erreichen. In Jesus Namen. Amen .

Studie 8 - Der vom Geist inspirierte Segen

Haupttext: Genesis 27: 27-40; Numbers 22: 1-18

Schlüsselvers : Hebräer 11: 20-21 - *„ Durch Glauben segnete Isaak Jakob und Esau hinsichtlich ihrer Zukunft. Im Glauben segnete Jakob, als er starb, jeden von Josephs Söhnen und betete an, während er sich auf seinen Stab stützte. "* (NIV)

***

Wir haben festgestellt, dass der Christ befugt ist, Segen auszusprechen, und dass die Verkündigung eines Segens eine Form der Prophezeiung ist. Wir werden uns nun die Natur des Segens ansehen oder ob wir nur gute Wünsche aussprechen können, die uns in den Sinn kommen. Isaac segnete Jacob und dachte, er segne Esau. Bevor Esau und Jakob geboren wurden, hatte der Herr über sie gesagt: *„Die Älteren sollen den Jüngeren dienen"* (Gen 25:23). Isaac wollte diese Prophezeiung mit Sicherheit nicht unterstützen. Er wollte Esau segnen und dachte, es sei Esau vor ihm, und sagte: *„Sei Herr über deine Brüder, und mögen sich die Söhne deiner Mutter vor dir beugen."*

1) **Aus der Geschichte von Isaaks Segen von Jakob und Esau sowie von Balak und Bileam, welche Einschränkungen des Segens können wir für andere aussprechen?**

In Gen 27: 36-40 sehen wir, wie Esau seinen Vater um wenigstens einen Segen bittet. Isaac sagte jedoch, er habe kaum mehr Segen zu geben und sprach auf Esau einen „nicht so gesegneten" Segen aus. Offensichtlich nahmen die alten Menschen den Segen ernst und glaubten, dass die Worte des Segens nicht widersprüchlich sein dürfen. Wenn Isaac auf Esau die gleichen Segnungen ausgesprochen hätte, die er auf Jacob ausgesprochen hatte, hätte er sich selbst widersprochen.

2) Muss jemand, der einen Segen aussprechen möchte, zuerst überlegen, was er sagen würde? Wenn ja, was muss er oder sie in seine oder ihre Äußerung einbeziehen?

In Numeri 22 sehen wir, wie Gott außergewöhnliche Maßnahmen ergreift, um Bileam daran zu hindern, die Israeliten zu verfluchen, wie von Balak gefordert . Gott hat einen Esel physisch blockiert und zum Sprechen gebracht. Solche außergewöhnlichen Situationen sehen wir heute wahrscheinlich nicht. In den meisten Kulturen wird angenommen, dass jeder, der Autorität über einen anderen hat, die Macht hat, dem Untergebenen verbindlichen Segen und Fluch auszusprechen.

3) Nennen Sie Beispiele für Situationen, in denen Gott einen Segen oder Fluch verbieten oder unwirksam machen könnte, selbst wenn er von jemandem

verabreicht wird, der von ihm die Befugnis zum Empfänger hat.

4) Hat der Empfänger eines vom Geist inspirierten Segens die Verantwortung, den Segen zu verwirklichen? Besprechen Sie dies im Lichte eines Elternteils, der sein Kind segnet.

***

Hauptlernpunkt s :

- Wenn wir erwarten, dass unsere Segensbekundung wirksam ist, muss sie durchdacht werden, wahrhaft von Gott inspiriert und im Einklang mit Gottes offenbartem Wort.
- Der Empfänger der Verkündigung eines Segens ist dafür verantwortlich, mit Gott bei der Aktualisierung des Segens zusammenzuarbeiten

Gebet :

Vater, die Macht zu segnen, die du mir gegeben hast, würde nur wirksam sein, wenn sie in deinem Willen genutzt wird. Hilf mir, diese Kraft ganz in deinem vollkommenen Willen auszuüben. In Jesus Namen. Amen

Studie 9 : Joseph - Prophezeiung durch Glauben

Haupttext : Genesis 50: 1-26

Schlüsselvers: Hebrews 11:22 - *" Durch Glauben sprach Joseph, als sein Ende nahe war, über den Auszug der Israeliten aus Ägypten und gab Anweisungen bezüglich der Bestattung seiner Knochen."* (NIV)

***

Wenn wir die Namen der alttestamentlichen Propheten auflisten, fällt Josephs Name nicht leicht ein. Er wurde eigentlich nie ausdrücklich als Prophet bezeichnet. Seit seiner Kindheit zeigte er jedoch einige Merkmale eines Propheten. Erinnern Sie sich an seine vielen Träume, die ihn schließlich in Schwierigkeiten mit seinen Brüdern gebracht haben und er an die Sklaverei verkauft wurde? Dann seine Interpretation der Träume von Cupbearer und Baker im Gefängnis? (Genesis 40). Schließlich sehen wir in unserem Haupttext für heute, als er im Sterben begriffen war, wie er maßgeblich über den zukünftigen Auszug der Israeliten aus Ägypten sprach.

> **1) Was ist die biblische Sichtweise derer, deren Träume sich erfüllen und die Dinge sagen, die scheinbar immer passieren, wenn solche Menschen (a) Christen und (b) Nichtchristen sind? Siehe 3. Mose 19:26, 5. Mose 18:10 und Joel 2:28.**

Als Jacob starb, erhielt Joseph die Erlaubnis und Unterstützung des Pharaos, ihn nach Kanaan zu beerdigen, wie Jacob zuvor verlangt hatte. Also gingen Joseph und seine Brüder alle zum Begräbnis nach Kanaan und kehrten nach Ägypten zurück. Zu der Zeit, als Joseph den Auszug der Israeliten verkündete, lief es für die Israeliten in Ägypten tatsächlich gut - sie hatten Wohlstand und hatten den Respekt der Ägypter - dank Josephs Erbe. Aber seine Augen waren auf Gottes Versprechen an seinen Vater und Großvater gerichtet - dass sie und ihre Nachkommen Kanaan erben würden (Gen. 50:24).

2) Diskutieren Sie mögliche Szenarien, in denen Wohlstand ein Hindernis für die Verwirklichung des Meisterplans Gottes für unser Leben sein könnte und wie wir uns davor schützen können.

Stellen Sie sich vor, Joseph hätte die Israeliten ermutigt, Ägypten zu ihrer ständigen Heimat zu machen, und vielleicht sogar ein Grab für seine eigene Beerdigung gekauft. Die gesamte nachfolgende Mission Moses, den Exodus zu leiten, hätte vielleicht nicht stattgefunden, da die Vision, Kanaan zu erben, verloren gegangen wäre. Die Israeliten hätten ihr Schicksal als ewige Sklaven in Ägypten akzeptiert.

3) Welche Rolle spielen wir bei der Verwirklichung von Gottes Verheißung für unser Leben?

Die Bewältigung des Wandels ist eine der größten Herausforderungen für den Menschen. Wir müssen die Auswirkungen auf uns selbst und auf andere bewältigen. Psychologen sind der Ansicht, dass die physische Verlegung des Wohnortes neben der Scheidung das stressigste Unterfangen ist, das wir unternehmen könnten. Eine solche Verlegung könnte aufgrund von Krieg oder Umwälzungen erzwungen werden, aber wir würden lange überlegen, ob wir zu einer Entscheidung kommen sollten freiwillig umziehen.

> **4) Welche Gespräche hätten unter den Israeliten unmittelbar nach Josephs Anweisung über seinen Tod und den Exodus stattgefunden?**
>
> **5) Warum wurde Josephs Anweisung bezüglich des Exodus als Glaubensakt gewertet?**

***

Hauptlernpunkt s :

> - Wir müssen aufpassen, dass unsere derzeitige bequeme Situation Gottes perfekten Plan und Zweck nicht verwischt, was möglicherweise eine totale Richtungsänderung von unserer derzeitigen bequemen Position erfordert.
> - Machen Sie sich mit Ihrem spirituellen Leben nicht so vertraut, dass Sie die Gelegenheit verpassen, in neue Gebiete hineinzuwachsen.

- Es erfordert uneingeschränkten Glauben, um auf Gottes Absicht konzentriert zu bleiben, und bedeutet, dass wir unsere derzeitige bequeme Position aufgeben: Normalerweise wird Druck von unseren Mitmenschen und anderen Stakeholdern ausgeübt.

- Wenn die Menschen nicht wie in der Prophezeiung über die wahre Manifestation der Macht Gottes unterrichtet werden, nehmen sie die Fälschungen an und gehen zu Wahrsagern.

Gebet :

Vater, lehre und hilf mir, deinen Plan für mein Leben im Auge zu behalten und nicht durch zeitweiligen Trost geblendet zu werden. In Jesus Namen. Amen .

Studie 10 - Jephthah - Ein Gangster mit diszipliniertem Glauben

Haupttext : Richter 11: 1-40

Schlüsselvers : Hebrews 11: 32-33 - *" ... Gideon, Barak, Samson und Jephthah,... David und Samuel und die Propheten, die durch Glauben Königreiche eroberten, Gerechtigkeit verwalteten und das erlangten, was versprochen wurde; ... "* (NIV)

***

Jephthah ist keine dieser Bibelfiguren, über die wir oft sprechen. Er wird heute in unserem Schlüsselvers als einer von denen erwähnt, die „durch Glauben Königreiche eroberten". Aber die ganze Geschichte über den Mann in unserem Haupttext (Richter 11) ist ziemlich aufschlussreich. Als Ergebnis einer ehebrecherischen Verbindung zwischen seinem Vater Gilead und einer namenlosen Prostituierten wurde er von seinen Halbbrüdern gehasst und stigmatisiert und aus dem Haus der Familie geworfen. Er floh in das Land Tob und Gefühl, dass er nicht auf die konventionelle Gesellschaft gehörte, entschied er sich kapitalisieren auf seiner Kraft durch Bildung und eine heftige Bande führt. Wenn wir dachten, Straßenbanden seien nur ein Produkt unserer modernen Gesellschaft, irren wir uns.

1. **Inwiefern beeinflusst der Stammbaum oder die Geburtsumstände einer Person in Ihrer Gesellschaft die Art**

und Weise, wie sie von (a) der allgemeinen Gesellschaft, (b) engagierten Christen und (c) sich selbst betrachtet wird?

Gott hinterlässt in jedem Menschen ein Geschenk, eine Tugend oder ein Talent, unabhängig davon, wie benachteiligt sie gewesen sein mögen. Die allererste Aussage über Jephthah in unserem Haupttext lautet „Jephthah, der Gileaditer, war ein mächtiger Krieger". Es ist merkwürdig, dass, als die Israeliten sich gegen die Aggression der Ammoniten verteidigen mussten, die Ältesten von Gilead beschlossen, diesen Gangster als Anführer der israelitischen Armee zu suchen, und sogar versprachen, ihn schließlich zu ihrem Herrscher zu machen! Verständlicherweise war Jephthah sehr überrascht!

2. Inwieweit nutzt Ihre Gesellschaft bestimmte Fähigkeiten der als abtrünnig oder abweichend geltenden Personen zum Wohle der Gesellschaft?

Obwohl Jephthah ein Bandenführer mit starken Kampffähigkeiten war, zog er nicht sofort gegen die Ammoniten in den Krieg, sondern initiierte einen Dialog, der, wie er hoffte, einen Krieg abwenden könnte. Er hat die Geschichte des Exodus nacherlebt, um den Ammonitenführer davon zu überzeugen, dass Israel seinem Land niemals Unrecht getan hatte und dass es keinen Grund für diesen Krieg gab. Es ist bemerkenswert, dass er trotz seiner (Jephthahs) Stärke und seines Glaubens an Gott, um ihm und seiner Armee den Sieg zu sichern, einen Krieg lieber meiden würde.

3. Gibt es Gelegenheiten, in denen wir versuchen, Glauben zu üben, um in Situationen, in denen pragmatische Lösungen zur Verfügung stehen, auf Gottes wundersames Eingreifen zurückzugreifen? Wie könnte Gott auf eine solche Herangehensweise reagieren?

In Richter 11, 27 zog Jephthah nach dem Drängen des Ammoniten auf einen Krieg im Grunde die Kampflinie - nicht zwischen ihm und den Ammoniten, sondern zwischen Gott und den Ammoniten - „lass den Herrn urteilen...". Der junge Hirte David würde später ähnliche Worte in seiner Begegnung mit Goliath wiederholen - siehe 1 Samuel 17:45. Israel siegte über die Ammoniter.

4. Was sind typische Anzeichen dafür, dass jemand, der behauptet, Glauben angeblich zur Ehre Gottes auszuüben, tatsächlich nach seiner eigenen Ehre strebt?

***

Hauptlernpunkt s :

- Ungeachtet der Umstände unserer Geburt oder unserer Abstammung legt Gott in jedem Menschen Gaben und Talente ab, die zu seiner Ehre eingesetzt werden können, und wir sollten nach diesen Begabungen auch bei denjenigen Ausschau halten, die von der Gesellschaft abgelehnt und verachtet werden.

- Wir dürfen niemals zulassen, dass die Umstände unserer Geburt oder unseres Stammbaums unser Streben oder das, was Gott in uns und durch uns tun kann, einschränken.

- Die Berufung auf das wundersame Eingreifen Gottes sollte niemals einen Ersatz für pragmatische Schritte bei der Lösung von Problemen darstellen: Ein kluger Dialog mit dem Chef, von dem Sie glauben, er wolle Ihren Untergang, ist möglicherweise Gottes bevorzugter Ansatz, als Gottes Feuer auf ihn niederzustrecken!

Gebet:

Vater, hilf denen, deren Potenzial es ist, großartige Dinge für dich zu erreichen, durch ihr Bewusstsein für ihren Hintergrund behindert zu werden. Befreie sie zu deiner eigenen Ehre, im Namen Jesu. Amen

Studie 11 - Amram und Jochebed

Haupttext: 2. Mose 2: 1-10

Schlüsselvers: Hebrews 11:23 - " *Durch Glauben wurde Moses, als er geboren wurde, drei Monate lang von seinen Eltern versteckt, weil sie sahen, dass das Kind schön war und sie keine Angst vor dem Edikt des Königs hatten."* (NIV)

Die Namen der Eltern von Moses wurden in unserem Haupttext nicht ausdrücklich erwähnt, der über seine Geburt und seine Erhaltung als Baby berichtet. Aus Numeri 26:59 geht jedoch hervor, dass Moses Vater Amram und seine Mutter Jochebed war. Joseph war zu einer Zeit gestorben, als es den Israeliten in Ägypten gut ging und sie stark waren - siehe Exodus 1: 7. Die Ägypter befürchteten, dass die Israeliten sie irgendwann beherrschen könnten, und beschlossen daher unter Führung eines nationalistischen Königs, Schritte zu unternehmen, um die Israeliten zu schwächen. Zusätzlich zu den Israeliten unterworfen wird zur Sklavenarbeit, beauftragte der König, dass Hebammen, die Lieferung der israelitischen Babys nahm sollte eine solche Baby ermorden, die männlich war. *"Aber die Hebammen fürchteten Gott und taten nicht, wie der König von Ägypten ihnen geboten hatte, sondern ließen die männlichen Kinder leben."* (Exo 1,17). Infolgedessen *„... hat Gott gut mit den Hebammen umgegangen. Und die Menschen vermehrten sich* *und wurden sehr stark. Und weil die Hebammen Gott fürchteten, gab er ihnen Familien."* (Exo 1: 20-21.)

1) **Geben Sie Beispiele aus der Bibel, in denen Gott anscheinend bestimmte Ungläubige in strategische Positionen gebracht hat, um Maßnahmen zu ergreifen, um Seinen Zweck zu fördern.**

Wir freuen uns oft, wenn ein engagierter Christ für Angelegenheiten zuständig ist, die uns betreffen. Tatsächlich beten wir oft für solche Situationen - wir wünschen uns, dass ein Christ eine Wahl gewinnt, unser Chef ist und so weiter. Einige sind bestürzt, als ein Nichtchrist irgendwann die einflussreiche Position einnimmt. Amram und Jochebed wussten sehr gut, dass die Hebammen Ägypter waren und dass, wenn diese Hebammen ihre Arbeit erwartungsgemäß erledigten, das Baby Moses nicht überleben würde. Trotzdem pflegten sie den Glauben, dass Moses es wert war, erhalten zu werden und zu überleben.

2) **Wie ist die angemessene Einstellung eines Christen zu einer Situation, in der die meisten Personen, die in Positionen berufen oder gewählt werden, die an Entscheidungen beteiligt sind, die sein oder ihr Interesse berühren, nichtchristlich zu sein scheinen?**

3) **Unterstützt Ihre Erfahrung als Einzelperson und als Nation das gezielte Beten, dass nur engagierte Christen**

ernannt oder in Einflusspositionen gewählt werden?

Moses 'Familie scheint Täuschung benutzt zu haben, um sein Leben zu retten. Andere biblische Fälle von Täuschung, die anscheinend zu Gottes Absicht gehören, sind: Jakob, der von seiner Mutter geführt wurde, täuschte seinen Vater, um den Segen seines Vaters anstelle von Esau zu erhalten (Gen 27); Rahab versteckte die israelitischen Spione und log über sie (Josua 2). Diese Fälle haben zu Kontroversen darüber geführt, ob es akzeptabel ist, zu lügen, vorausgesetzt, das Endergebnis ist gut.

4) Was können wir aus den Fällen lernen, in denen Gott in Situationen eingreift, die eine scheinbare Verletzung dessen darstellen, was wir als seine Position zum Grundleben verstehen?

***

Hauptlernpunkt s :

- Jedes Geschöpf Gottes ist ein potentielles Werkzeug in seinen Händen, um seine Ziele zu erreichen, und wir sollten nicht davon ausgehen, dass nur Christen in seinen Plan passen.
- Wir sollten unser Schicksal nicht davon abhängen, ob ein Christ Einfluss auf unser Schicksal hat oder nicht. In der Tat pflanzt er Ungläubige absichtlich in strategische Positionen, um seinen Zweck zu erreichen -

auch ohne dass der Ungläubige sich bewusst ist, dass Gott ihn oder sie benutzt.

- Wenn Gott eine Situation in die Hand nimmt, kann sein Geist Handlungen lenken, die unsere Theologie herausfordern. In der Heiligen Schrift finden sich zahlreiche Beispiele für Menschen, die unter der Leitung des Geistes scheinbar fragwürdige Dinge in Bezug auf Gottes Absichten getan haben.

Gebet :

Vater, lehre mich anzuerkennen und anzunehmen, dass all deine Schöpfung, einschließlich derjenigen, die dich nicht anerkennen, zu deiner Verfügung steht, um sie für deine eigenen Zwecke zu nutzen. In Jesus Namen. Amen

Studie 12 - Moses - Ein militanter Nationalist

Haupttexte : 2. Mose 2: 10-25

Schlüsselvers : Hebräer 11: 24-25 - *„ Durch Glauben weigerte sich Moses, als er erwachsen war, als Sohn der Tochter des Pharao bekannt zu werden. Er wollte lieber mit dem Volk Gottes misshandelt werden, als die flüchtigen Freuden der Sünde zu genießen. "* (NIV)

***

Amram und Jochebed - Moses Eltern - hatten das seltsame Privileg, Pflegeeltern für ihr eigenes Kind zu sein. Sie pflegten Moses als Kind, bis sie ihn Pharaos Tochter übergaben. In jenen frühen Tagen Moses erzogen ihn seine Eltern zweifellos, um sich seiner Wurzeln voll bewusst zu werden, damit er die damalige Unterdrückung, unter der sein Volk stand, in die Hände der Ägypter stellen konnte. Als er an Pharaos Tochter übergeben wurde, war er ein militanter Nationalist. Anscheinend beschloss er, Guerilla-Taktiken anzuwenden, um die Sache seines Volkes zu bekämpfen. Er würde Ägypter töten, wenn er die Gelegenheit dazu hätte, und wäre nicht einmal ein Verdächtiger, da er ein Prinz der herrschenden Familie war. Er testete diese Strategie, als er den ägyptischen Sklavenfahrer tötete, der einen Hebräer auf der Sklaven-Baustelle schlug - 2. Mose 2: 11-12.

1. Wie sollte der Christ die Taktik von Moses, Gewalt gegen Unterdrücker im Guerilla-Stil, einschätzen? Besprechen Sie dies im Lichte des Christen Widerstand

**gegen den Islam („*Kreuzzug*") in dem 11 -
ten und 12 - ten Jahrhundert.**

Mose verdiente sich seinen Platz in der „Hall of
Fame des Glaubens" nicht wegen seiner Militanz,
sondern weil er *„sich dafür entschied, mit dem Volk
Gottes zusammen misshandelt zu werden, anstatt
die flüchtigen Freuden der Sünde zu genießen"*.
Während die „Freuden der Sünde" hier könnte die
offensichtlichen Sünden sind wir über diese Tage
sprechen - wie Ehebruch, Diebstahl, Mord, usw.,
der Schlüssel ist die Freude an der Sklave
profitieren Arbeit seines eigenen Volkes.

2. **Inwiefern kann sich ein Christ des
Vergnügens schuldig machen, von der
Unterdrückung seines eigenen Volkes zu
profitieren, und was bedeutet dies für
politische Angleichungen in Ihrer
Umgebung? Geben Sie praktische
Beispiele in Ihrer Umgebung.**

Moses war nicht nur nicht bereit, auf Kosten seines
Volkes fürstlichen Wohlstand zu genießen, er
beschloss auch, auf seine eigene kleine Art etwas
dagegen zu unternehmen - er begann eine Art
Guerillakrieg. Er war bereit, einen Ägypter, den er
heimlich unterdrückte, körperlich anzugreifen und
sogar zu töten (2. Mose 2: 13-15). In jenen Zeiten
des Alten Testaments, in denen Gott sein Volk
unterstützte, seine Feinde physisch zu bekämpfen
und zu überwinden, war dies alles in Seinen Augen
in Ordnung. Als Jesus Christus jedoch kam, änderte
er das Paradigma - siehe Matthäus 5: 38-41. Das
kann aber nicht heißen, dass wir in unserer

Gesellschaft nichts gegen Unterdrückung unternehmen.
3. **Inwiefern sollten (a) ein einzelner Christ und (b) die Kirche mit Ungerechtigkeiten in der Gesellschaft, in der eine bestimmte Gruppe von Menschen von Unterdrückung bedroht zu sein scheint, konfrontiert werden und sich mit ihnen befassen?**

***

Hauptlernpunkt s :

- Von der Unterdrückung anderer Menschen zu profitieren, ist ebenso ein "Vergnügen der Sünde" wie die Sünden, die wir leichter identifizieren (Ehebruch, Mord, Diebstahl usw.). Tatsächlich zieht diese Sünde die höchste Empörung von Gott und mehr als jede andere an Sünde, trug zu Gottes Zorn gegen Israel bei. Wir müssen uns selbst - einschließlich der politischen Zugehörigkeit - prüfen, ob wir von der Unterdrückung anderer profitieren.
- Wo immer wir Ungerechtigkeit oder Unterdrückung sehen, sollten wir Gott bitten, uns zu zeigen, was wir dagegen tun können und nicht nur darüber zu sprechen - oder noch schlimmer, schweigen Sie darüber. Möglicherweise stellen wir fest, dass wir in solchen Situationen mehr tun können, als wir derzeit zugeben! Es ist erstaunlich, was ein

paar Worte Mut gegen Ungerechtigkeit
bewirken können.

Gebet :

Vater, wenn ich von der Unterdrückung der Hilflosen profitiert habe, zeige mir, wie und hilf mir, wirklich umzukehren. Machen Sie mich sensibel für Ungerechtigkeiten in meiner Umgebung und geben Sie mir die Weisheit und den Mut, mich mit ihnen auseinanderzusetzen, wo immer ich sie finde. In Jesus Namen. Amen .

Ende

www.ingramcontent.com/pod-product-compliance
Lightning Source LLC
LaVergne TN
LVHW021738060526
838200LV00052B/3345